AF463872

16° X
和佛會話捷徑
LEÇONS
DE
CONVERSATION

ÉLÉMENTS DE LANGUE FRANÇAISE

和佛會話捷徑

LEÇONS DE CONVERSATION

RÉDIGÉES SPÉCIALEMENT

POUR LES ÉTUDIANTS JAPONAIS.

PAR

ARTHUR ARRIVET

Professeur au Kōtō chū gakkō.
(Lycée de Tōkyō).

TŌKYŌ.

Z. P. MARUYA & Cie.

LIBRAIRES-EDITEURS.

1886.

盡クシ孜々勉焉能ク我邦語ニ通ヲ教育ニ執リ力ヲ生徒ノ教養ニ所謂美花ナリ美擧ナリ其永ク業ル、アリヴェー君ノ今日此著アルハ日常ニ力ヲ盡クスヘシアルチューヲ用ヒ美擧ヲ成サント欲セハ其美花ヲ觀ント欲セハ其培養ニ心熟スルアルチュール、アリヴェー君ニ非スンハ孰レカ能ク焉ニ及ハンヤ實ニ此書ヤ本邦未タ曾テ有ラサル所ノモノニシテ教育上裨益ノ淺少ナラサルヲ確信ス因テ一言ヲ辨スト云爾

明治十九年十月　栗塚省吾誌

PRÉFACE.

Les langues ne s'apprennent pas uniquement dans les livres. Il n'y a donc aucun livre de conversation qui puisse suppléer à la nécessité d'avoir recours à la pratique; et si nous offrons aux élèves japonais ces leçons de conversation, c'est seulement pour les aider, au commencement, à s'exercer dans l'art de parler, et diriger leurs efforts du bon côté.

Ce ne sont pas des mots qu'il s'agit ici d'apprendre, mais des manières de dire, et par conséquent des phrases toutes faites. Quand on veut dire telle chose qui se dirait tout naturellement en japonais, comment doit-on s'exprimer en français? Voilà ce qu'il importe de savoir pour parler de manière à se faire comprendre, et non comment il faut traduire les divers mots dont se compose une phrase.

Quelquefois, sans doute, les deux langues se correspondent, mais très souvent une expression de l'une n'est nullement traduite de l'autre, comme par exemple 煙草ヲ呑ム (tabaco wo nomu) qui se dit fumer, et non boire le tabac.

Cela vient de ce que la manière de concevoir les idées n'est pas la même dans les deux langues. Pour bien parler français il faudrait en arriver à penser en français, ce qui ne devient possible que par l'habitude.

L'élève doit donc s'exercer et s'accoutumer à exprimer, avec les tournures employées dans le bon langage, les idées qu'il lui est tout naturel d'exprimer en japonais.

Forcément on pense d'abord en sa propre langue tant qu'on n'est pas suffisamment familiarisé avec une autre. C'est l'habitude seule qui, devenant en nous comme une seconde nature, substitue dans notre esprit une manière de concevoir, et par conséquent de s'exprimer, à une autre.

Voilà pourquoi, destinant ce livre aux élèves peu avancés, nous ne prenons pas pour base le texte français, comme cela se fait d'habitude, mais bien le texte japonais, que nous faisons imprimer en caractères ordinaires parce que cette manière d'écrire s'adresse plus directement à la pensée.

Le meilleur moyen de tirer profit de ce livre est de cacher la page française, de lire successivement chaque phrase japonaise et d'essayer de la dire en français, puis découvrant la phrase correspondante, de voir si on s'est rencontré avec le modèle, qui alors supplée en quelque sorte au professeur.

En recommençant cet exercice jusqu'à ce que chaque leçon lui soit devenue familière, l'élève acquerra, nous en sommes persuadés, une facilité sensible à suivre une conversation ordinaire, et par conséquent pourra mieux tirer parti des leçons orales qu'il recevra ensuite.

Puisse ce petit livre contribuer au progrès des études françaises au Japon.

Tokyo le 15 Octobre 1886.

ARTHUR ARRIVET.

序

凡ソ語學ヲ習修スルニハ書籍ニノミ依ルヘカラス必ス實際上ニ就テ習修スヘシ故ニ如何ナル會話書ト雖モ實際上ノ習修ニ代用スルカ如キ必要ノモノナシ是ヲ以テ今日本生徒ノ爲メニ著作シタル會話捷徑ノ如キモ初進ノ徒ヲ裨益シ談話ノ術ヲ修熟シ以テ其修熟スル所ノ辛苦ヲ利用セシメントスルニ在リ

此書ニ就キテ習修スヘキモノハ談話ノ手段ナリ其手段ハ則チ文字ニ在ラズシテ全備シタル章句ニ在リ今日本語ヲ以テ說述スルニハ容易ニ說述シ得ヘキモ佛語ヲ用ヒテハ如何ニ陳述スヘキヤ先ツ自カラ會得スヘキヤウニ之ヲ說述スルヿヲ知ラズンバアルベカラス是レ決シテ文章中ノ數語ヲ如何ニ飜譯スヘキヤヲ探究スルニハアラサルナリ」

但シ未タ他邦ノ語ニ練熟セザルノ間ハ先ツ自國ノ語ヲ精慣レ且温習スルヲ要ス

テ日本語ヲ以テ容易ニ述べ得ルガ如キ思想ヲ發出スルニ是ヲ以テ生徒ハ正良ナル佛語中ニ使用セシ作用搆法ニ因ンバ能セザル所ナリ

直チニ佛語ヲ腦中ニ入レンコヲ要ス是レ習慣上ニ憑ラズ想ノ異ナルニ由ルナリ故ニ佛語ヲ善ク陳述セント欲セバ斯ノ如キ相違ヲ來タスモノハ畢竟和佛兩語ニ於テ各々思譯シテ「ボワール、ヂュ、タバック」(Boire du tabac.)ト云ハザルガ如シ

フハ佛語ニテ「フュメー」(Fumer.)即チ吸煙スルト云フモ決シテ之ヲ直直譯シ得ザルモノアリ例ヘハ日本語ニテ煙草ヲ呑ムト云フヘキニアラズト雖モ亦往々一方ノ語ヲ以テ一方ノ語ニ時トシテハ和佛兩語ノ自カラ適應スルモノアルハ敢テ疑

神ニ畫出スルハ止ムヲ得ザルモノナリト雖モ亦慣習ハ吾人ノ第二ノ性トナリ吾人ノ精神中ニ思考手段ヲ設クルニ隨ヒ他邦ノ語ヲ陳述スルニ至ルモノナリ

斯ノ如ク最初ハ先ツ自國ノ語ヲ思考スルモノナルヲ以テ今此初進ノ徒ノ爲メニ著ス所ノ會話捷徑ハ其基本ヲ日本語ニ取リテ從來ノ會話書ノ休裁ノ如ク佛語ヲ基本ト爲スノ手段ニ倣ハズ且ツ其基本トスル日本文モ亦平易ナル俗文ヲ以テ印刷シタリ此手段ヲ爲スモノハ第一ニハ思想次ニ説話ヲ發出セシメンガ爲メナリ

此會話捷徑ヲ利用セントスルノ最良方法ハ先ヅ佛語ヲ記シタル一面ヲ隱蔽シ逐次日本語ノ一面ヲ讀下シ佛語ノ之ニ適當スル言語ヲ考出シ然ル後チ嚮キノ佛語ノ一面ヲ發現シ我カ考出セシ所ト比較シテ其摸範ト同一ナリヤ否ヲ

看ルベシ然ルトキハ此摸範ハ殆ンド敎師ニ代ルモノナリ
斯ノ如キ手段ヲ以テ數回試行シ一回毎ニ再三其記シタル所ノ言語ヲ温習シ以テ慣熟スルニ至ラハ生徒ハ自カラ普通ノ會話ヲ爲スニ於テ著ク容易ナルヲ覺エ隨テ爾後受クル所ノ口頭上ノ授業モ亦利用シ得ルハ吾人ノ信ジテ疑ハザル所ナリ

余ハ此一小冊子ニシテ日本國内ノ佛學ニ於ケル更ニ進歩ヲ與フルノ具トモナランヿヲ希望スルナリ

東京ニ於テ　第一高等中學校敎師

明治十九年十月十五日　アルチュール、アリヴェー　誌

合ヲ假想シタルナリ

而會シタル節ニ佛語ヲ以テ說明セント欲スル情ガ爲メニ設ケタルモノナレバ生徒初メテ佛人ニシト雖𪜈本書ハ主トシテ生徒ニ佛語ヲ教授センシテ其中〓ニ日本語ヲ用ユルハ甚タ奇怪ナルガ如

本書ハ佛人ト日本人トノ談話ヲ記シタルモノニ

和　佛

會話捷徑

第壹回

1. 始メテ御目ニ掛リマス

2. 兼テ御高名ハ承リテ居リマシタガツイ只今迄御目ニ掛リマセンデ御座リマシタ○貴君餘程以前カラ佛語ヲ御學ビナサレマシタカ

3. 始メマシテカラ三年許リニナリマスガ未ダ善ク出來マセヌ

4. 然シ左様デモ御坐リマスマイ善ク御話ニナル様デス

5. 如何致シマシテ

6. 貴君ノ佛語ヲ御話シナサレマス様ニ私モ日本語ヲ話シ度ク御坐リマス

7. 其レハドウモ土地ニ永ク御出ナサレマセンモノデスカラデショウマウ一年モ御逗留ナサレバ自然ニ出來マショウ

8. 左様カモ知レマセン○貴君ハ佛語ヲ何處デ御學ビナサレマシタカ

9. 川路小將ニ就テ洋行致シマシタ時ニ[パリス]デ學ビマシタ

I^e LEÇON.

1. Monsieur, *c'est la première fois que* j'ai l'honneur de vous présenter mes salutations.
2. Je ne suis pas sans avoir entendu parler de vous, (Monsieur), et très-avantageusement, mais je n'avais pas encore eu l'occasion de faire votre connaissance.—Y a-t-il longtemps que vous étudiez la langue française ?
3. Il y a trois ans seulement, aussi je ne puis pas encore parler correctement.
4. Comment donc ! mais je trouve que vous vous exprimez avec facilité.
5. J'ai encore fort à faire.
6. Mais non, je voudrais bien parler votre langue comme vous parlez la mienne.
7. C'est qu'il n'y a pas longtemps que vous êtes ici, dans un an seulement vous vous ferez aisément comprendre.
8. J'en doute.........Mais, où avez-vous appris la langue française ?
9. Je l'ai apprise à Paris, * à l'occasion d'un voyage que j'ai fait à la suite du général Kawadji.

* En français l'ordre des propositions doit être ainsi interverti, et la proposition principale se place la première.

10. 噫左様デスカ貴君ハ川路君ノ御親類デスカ唯御朋友デスカ
11. 左様云フ譯デモ御坐リマセンガ御厄介ニ爲リマシタノデス
12. アレ丈ケ有名ナ人ガ無クナリマシテドウモ惜イ事デ御坐リマセンカ
12. 如何ニモ惜イ事デ御坐リマス

第貳回

1. 歐羅巴ヘ御出デナスツタノハ御仕合セデ御坐リマス〇面白イ事ヲイクラモ御覽ナサツタデシヨウ
2. 御說ノ通リデスガ始メニハ佛蘭西ノ都府ト日本ノ都府ト左程ニ違ツテ居リ升セント思ヒマシタガ行テ見ルト非常ノ違ヒガ御坐リ升
3. 最初ニ向フノ話シヲ充分ニ御分リニナリマセンデ嘸御困リナサツタデシヨウ
4. 大キニ困マリマシタ
5. 併シ貴君コチラデ大分御學ビナサイマシタデハ御坐リマセンカ其レニドウ云フ者デソンナニ御困リナサツタカ

10. Ah! Etiez-vous son parent ou son ami ?

11. Non, Monsieur, j'étais seulement son protégé.

12. Quel dommage qu'un homme de cette valeur soit mort !

13. Oui, il a été vivement regretté.*

IIe LEÇON.

1. Je vous félicite d'être allé en Europe. Vous avez dû y voir bien des choses curieuses.

2. En effet, je ne m'attendais pas à voir une si grande différence entre l'aspect † de nos villes et celui des villes de l'Europe.

3. Tout d'abord, vous deviez être un peu embarrassé pour comprendre ce qu'on vous disait.

4. Je l'étais même beaucoup.

5. Comment cela, ‡ puisque vous aviez déjà quelque connaissance de la langue française ?

---

*Littéralement " c'est bien dommage —" mais pour ne pas répéter la même expression, ce qu'il faut éviter autant que possible, nous en employons une autre qui a le même sens.

† Littéralement : " Je ne pensais pas que les villes de France et celles du Japon fussent si différentes."

‡ Nous commençons encore par le deuxième membre de la phrase japonaise parce qu'il exprime l'idée principale.

6. 其レハ何ンデス書籍バカリデ習ツタ者デスカラ
7. 成程
8. 向ノ話シ方ガ何時デモ早過テ居リマシタ
9. 夫レハ當然デス
10. 何分字ヲ區別スル事ハ出來マセンデシタ
11. 左様デスカ
12. 妙ナ事デ御坐リマスガ始メテ一句ダケノ話シヲ聞テ見ルニ夫レハ續イテイル恐ロシイ長イ一字ノ言葉ダト思ヒマシタ
13. 誰レニデモ左様見ヘマス
14. 兎モ角モイクラ人ノ話シヲ聞イテモ分リマセンデシタ
15. 夫レデ如何ナサレマシタ
16. 別ニドウモ仕方ガ御坐リマセンデシタ矢張リ僅カコリガテンガユキマセンデシタカラ唯向フノ考ヘヲ當テル様ニ致シ升シタ
17. 併シ力ヲ落サズニ善ク御習イナサツタハ感心デ御坐リマス
18. 大概同シ場合デハ同シ言葉ヲ使フモンデスカラ夫レヲ聞キ聞キシテシマイニ分カル様ニナリマシタ
19. コチラカラ人ニ御話シナサルニハ如何ナサイマシタ

6. C'est que je n'avais étudié que dans les livres.

7. Alors cela ne m'étonne pas.
8. Je trouvais que l'on parlait toujours trop vite.
9. Ah ! c'est naturel.
10. Il m'était absolument impossible de découpler les mots.
11. Vraiment !
12. C'est singulier, mais il me semblait au commencement que chaque phrase était comme un seul mot d'une longueur démesurée.
13. Cela fait cet effet à tout le monde.
14. Quoi qu'il en soit, on avait beau me parler, je ne comprenais pas.
15. Alors comment faisiez vous ?
16. Je faisais comme je pouvais,* c'est-à-dire que je ne comprenais pas. Je tâchais de deviner.
17. Cependant je vois avec plaisir, que vous ne vous êtes pas découragé.
18. A force d'entendre dire les mêmes choses dans les mêmes circonstances j'ai fini par comprendre.
19. Et pour parler vous même ? †

---

* Littéralement "Vraiment il n'y avait pas moyen de faire autrement."

† Sous-entendu : "comment faisiez-vous ?"

20. 丸デ聞イタ通リノ云ヒ方ヲ用井マシタ

21. 夫レヨリ宜イ工風ガ御坐リマセン

第參回

1. 始メテ如何シテ御習イナサイマシタカ
2. 始メニハ之レハ何ント云フ物カト云フ丁ヲ尋子マシタ
3. 如何云フ譯デスカ
4. 何故ト云フニ其問題ヲ以テ色々ノ言葉ヲ覺井ラレマスカラ
5. 如何シテ
6. 名ヲ覺ヘ度ト思フモノハ一々指デ示シテ知ル丁ガ出來マスカラ
7. 併シ名詞バカリテ話シスル譯ニハイキマセン矢張リ働詞モ用井ナクテハナリマセヌ
8. 如何樣左樣テスケレ𪜈何ンデモ一度ニ覺ヘラレマセヌ
9. 夫レダカラ覺ヘ安キモノカラ御始メナスツタデシヨウ

20. Je me servais des expressions que j'avais entendu employer.

12. C'est le meilleur moyen.

IIIe LEÇON.

1. Quelles sont les premières * phrases que vous avez apprises ?
2. J'ai d'abord appris à demander ; " Comment appelez-vous cela?"
3. Pourquoi ?
4. Parce qu'avec cette question on apprend beaucoup de mots.
5. Comment cela ?
6. Il suffit alors d'indiquer du doigt les objets dont on désire connaitre le nom.
7. Mais il ne suffit pas de noms pour faire des phrases, il faut aussi des verbes.
8. Sans doute, mais on ne peut pas apprendre tout à la fois.
9. Conséquemment vous avez commencé par le plus facile.

---

* Littéralement : Comment avez-vous fait pour apprendre au commencement ? Le mot phrase n'indique pas comme en Japonais 文章 une phrase *écrite* seulement, il se dit aussi du langage parlé.

10. 外ニ致シ方ガ御坐リマセンデシタカラ
11. 其後何ニヲ御學ビナサレマシタカ
12. 其後ニハ下サイトカ持ッテ來テ呉レトカ欲シイト云フコヲ習イマシタ何故ダト云フニソウ云ハレマセン時ニハ誠ニ不自由デス
13. 夫レカラ
14. 夫レカラ勘定スルコト此品物ハ幾金ト云フコトヲ習ヒマシタ
15. 何故デス
16. 入用丈ケノ品物ヲ自分デ買フコノ出來ル様ニ
17. 其時ニ此品ハ高イト云フコモ御習ヒナスッタンデシヨウ
18. 當テラレマシタ
16. 貴君ドウモ實際家デス

第肆回

1. 此土地デ善イ宿ハドチラデ御坐リ升カ

10. On fait ce qu'on * peut.
11. Qu' avez vous appris ensuite ?
12. J'ai appris à dire : "Donnez-moi," "apportez-moi," "je désire." Ce sont des formules de première nécessité.
13. Et après ?
14. Après, j'ai appris à compter et à dire ; "Combien coûte cet objet ?
15. Pourquoi cela ?
16. Pour pouvoir acheter moi-même ce dont j'avais besoin.
17. Je † parie que vous avez appris en même temps à dire : "C'est trop cher."
18 Justement. ‡
19. Vous êtes un homme pratique.

IVe LEÇON.

1. Pourriez-vous m'enseigner quel est le meilleur hôtel dans cette ville ?

---

* Littéralement : Je ne pouvais pas faire autrement. En français il faut autant que possible varier les expressions quand on a à répéter la même idée.

† Quoique ce mot ne se trouve pas dans la phrase japonaise, il est bon de l'employer pour exprimer une grande probabilité. La traduction littérale serait : "Vous devez avoir appris......

‡ Littéralement ; "Vous m'avez deviné."

2. 私シモ東京人デハ御坐リマセンカラ充分ニハ存ジマセンガ人ノ申シマスルニハ西洋軒ト云フノガ第一等ダソウデス

3. 其宿ニ往ク道ヲ御存ジナラ教ヘテ下サリマセンカ

4. 善ク教ヘ申ス譯ニハイキマセンガ停車塲カラ直キデ御坐リマセウ

5. 其宿屋ハ何ント云フ町ニアリマスノカ

6. 木挽町ト云フ所デス

7. 大キニ有難タウ左様ナラ木挽町ト云ツタラ直ニ分リマセウカ

8. 有名ナ宿屋デスカラ分リマストモ併シ貴君モ東京ヘ始メテノヿデスカラ道ニ御迷ヒナサルトイケマセンカラ人力車ニ乗ツテ御出ニナツタ方ガ宜シウ御坐リマセウ

9. 御尤デス此様ナ廣イ所デ道ニ迷ツテハ閉口致シマス

10. 其上ニ日本語モ充分デ入ラシヤイマセンデスカラ猶更ラノ事デ御坐イマス

2. Comme je suis moi-même étranger à Tokio, je ne connais pas bien les hôtels, cependant j'ai entendu dire que l'Hôtel de l'Europe est le meilleur.

3. Voudriez-vous bien avoir l'obligeance de m'indiquer le chemin qui y conduit ?

4. Cela me serait difficile, mais il me semble que cet hôtel est tout près de la gare.

5. Comment s'appelle le quartier où se trouve cet hôtel ?

6. Il s'appelle Ko-biki-tcho.

7. Je vous remercie — Alors je pense qu'il me suffira de dire Ko-biki-tcho.

8. Cet hôtel est très-connu et vous y arriverez facilement, mais comme c'est la première fois que vous venez à Tokio, je vous conseille de prendre une voiture. Si vous *alliez vous égarer.........

9. Vous avez raison, ce ne serait pas gai de s'égarer dans une ville aussi grande.

10. Surtout lorsqu' † on ne peut pas bien se faire comprendre.

---

* Littéralement : mais comme il ne faut pas que vous vous égariez, il vaut mieux......

† On *c'est à dire* vous.

11. 成ル程
12. 何ンナラ車ヲ呼ンデ來テ上ゲマセウカ
13. ドウゾ願ヒマス
14. 車挽キノ行ク通リニ爲スツテ居ラシツタラ夫レデ宜シウ御坐リマス
15. 始終御厄介ニ成リマシテ有難フ御坐リマス

16. 御安イ御用デス

第伍回

1. 旦那御在宿デスカ
2. 不在デ御座リマス
3. 何時ニ御歸ニナリマセウカ御存シデスカ
4. 默マツテ御出デナスツタカラソンナニ長クナリマスマイカト思ヒマス
5. 左樣デスカ
6. 遠方ヘ行ツタノデハアリマスマイ
7. 五時頃迄ニ御歸ニナリマセウカ
8. 五時ニハ慥シカニ歸リマセウ若シコチラデ御待チナサツテモ善ケレバ御ハイリナサイ

11. En effet.
12. Voulez-vous que je fasse venir une voiture ?
13. Je vous serai bien * obligé.
14. Vous n'avez plus qu'à vous laisser conduire. †
15. Je vous remercie. Vraiment je vous ai donné beaucoup de peine.
16. C'est la moindre des choses.

Ve LEÇON.

1. Monsieur N. est-il ‡ chez lui ?
2. Non, monsieur, il est °sorti.
3. Pourriez-vous me dire quand il rentrera ?
4. Il n'a rien dit lorsqu'il est sorti, par conséquent je crois qu'il ne tardera pas à rentrer.
5. Vraiment ?
6. Il ne doit pas être allé loin.
7. Croyez-vous qu'il soit de retour à cinq heures ?
8. A cinq heures, sans aucun doute. Si vous désirez l'attendre, donnez-vous la peine d'entrer.

---

* Littéralement : "Je vous prie."

† La traduction littérale aurait ici mauivase allure.

‡ Il faut dire le nom de la personne, par exemple : Monsieur Ōta est-il chez lui ?

° Littéralement : Il est absent.

9. 有難フ御座り舛ガ此近邊ニ行ク所ガアリマスカラ其間ニ行ツテマイリマセウ

10. 覺シ召シ次第デス。左様シテ御出デナサツタヿヲ旦那ニ通ジテ置キマセウカ

11. 左様デナク𪜈宜シウ御坐リマス

12. 左様ナラ又御出デナサレマセ

13. ソレデハ後チ程

第陸回

1. マコトニ御不沙汰致シマシタ

2. 善フコソ御出ガアリマシタ

3. 御存ジノ通リ多忙デ御坐リマシテ存ジナガラ御不禮ヲ致シマシタ

4. ドウ致シマシテ

5. 近々御立チニナルト云フヿヲ承ツリマシタガ御出立前ニ御目ニ懸リタイト存ジテ居リマシタ

6. 御親切ニ有難フ御坐リマス

7. ドチラヘ御出ニナル等デ御坐リマスカ

9. Je vous remercie, mais comme j'ai quelque visite à faire tout près d'ici, je vais la faire dans cet intervalle.
10. Alors comme il vous plaira. Voulez-vous que j'annonce* votre visite à Mr. N.
11. Ce n'est pas la peine.
12. Alors à revoir Monsieur.
13. A tout à l'heure.

VIe LEÇON.

1. Il y a bien longtemps que je n'ai eu le plaisir de vous faire visite.
2. Je suis toujours † enchanté de vous voir.
3. Vous savez, je suis si occupé ! Malgré tout mon désir, il m'a été impossible de venir plus tôt.
4. Comment donc !
5. J'ai appris que vous alliez bientôt partir en voyage et je tenais à vous voir avant votre départ.
6. C'est bien aimable à vous.
7. Où avez-vous l'intention d'aller ?

---

* "Préviendrai-je mon maître que vous êtes venu," serait la traduction littérale.

† On pourrait dire aussi en traduisant plus littéralement : "Vous êtes le bienvenu."

8. 大坂へ行カウカト思ヒマス
9. ドウ云フ船ニ乗ッテ御出ニナリマスカ
10. 多分東京丸デ御坐リマセウ
11. 其船ハ早フ御坐リマスカ
12. 左様郵船會社ノ船ノ中デ一番早イ船ダソウデス
13. 一時間ニ幾マイルダケ進ミマスカ
14. 左様デス晴雨ニカヽワリマセズ一時間ニ平均十二マイル進ミマス
15. ソウシマスト御道中ハ長クハアリマスマイ
16. ドウカ左様致シタウ御坐リマス

第貳回

1. 紙ヲ二三枚頂戴致シ度御座イマス

2. 貴方ノハ如何ナサイマシタ
3. 私ノデスカアレハ失シマシタ
4. 貴方ハイッデモ不注意デス
5. 手紙ノ紙ヲ一枚下サイマセンカ

6. 何ニナサイマスカ
7. 私ハ父上ニ書面ヲ上ケ様ト思イマス

8. Je me propose d'aller à Osaka.
9. Quel bateau prendrez-vous ?
10. Je crois que ce sera le Tokio-Maru.
11. Est-ce un bon marcheur ?
12 Oui, c'est, dit-on, un des meilleurs † bateaux de la compagnie "Yûsen."
13. Combien file-t-il de nœuds * à l'heure?
14. Il fait en moyenne ses douze nœuds, quelque temps qu'il fasse.
15. Alors la traversée ne sera pas longue.
16. Je l'espère.

VIIe LEÇON.

1. Je voudrais bien avoir deux ou trois feuilles de papier.
2. Qu'avez-vous fait du vôtre ?
3. Mon papier ? je l'ai perdu.
4. Vous ne prenez jamais soin de vos affaires.
5. Voulez-vous avoir la bonté de me donner aussi une feuille de papier à lettre ?
6. Que voulez-vous en faire ?
7. Je veux écrire à mon père.

* "Meilleurs" est employé ici pour "plus rapides."

† Nœud, terme de marine, signifie un mille marin. Soit 1852 mètres.

8. 界行紙ガ好ク御座イマスカ
9. 否エ,夫ハ無汰デス私ハ定規ト鉛筆ヲ持テ居リマス
10. 貴方線ヲ御引ナサルナラ注意シテ眞直ニ御引ナサイ
11. 必ス左樣致シマショー
12. 外ニマダ何カ御入用ノ品ガアリマスカ
13. ハイ私ハ文法ト字典ガ入リマス

14. 貴方ノハ如何ナサイマシタ
15. 存知マセン
16. 私モ知リマセン
17. 多分知レマシヨウ
18. 夫ナラ先ヅ夫ヲ御捜シナサイ
16. 左樣致シマス所デ御座イマス
20. 往テ早ク稽古支度ヲナサイマシ

第八回

1. 貴方ハ其黒板ヘ何ヲ御書ナサル御積リデスカ
2. 私共ハ翻譯ヲ書ク所デス
3. 如何ナ翻譯デスカ
4. 和文佛譯デス
5. 其板ハ翻譯計リニ御用イナサイマスカ

8. Voulez-vous du papier rayé ?
9. Non c'est inutile. J'ai une règle et un crayon.
10. Si vous rayez votre papier; faites attention à tirer des lignes droites.
11. Je n'y manquerai pas.
12. Avez-vous encore besoin d'autre chose ?
13. Oui, j'ai besoin d'une grammaire et d'un dictionnaire.
14. Que sont devenus les vôtres ?
15. Je n'en sais rien.
16. Ni moi non plus.
17. Je pourrai peut-être le savoir.
18. Alors commencez par les chercher.
19. C'est ce que je vais faire.
20. Allez, et préparez-vous promptement à commencer la classe.

VIIIe LEÇON.

1. Que voulez-vous écrire sur ce tableau ?
2. Nous allons y écrire la traduction.
3. Quelle traduction ?
4. C'est une traduction du japonais en français.
5. Ce tableau ne sert-il que pour les traductions ?

6. 否ヱ,書取ニモ用ヒマス
7. 何デ御書キナサイマスカ
8. 白墨デ書キマス
9. 貴方ハ度々字ヲ御消シナサイマスカ
10. 隨分度々消シマス
11. 如何シテ御消ナサルカ指デ御消シナサイマスカ
12. 否ヱ,夫デハ少シモ奇麗ニナリマセン
13. 夫ナラ如何ナサイマスカ
14. 私共ハ海綿ヲ以テ居リマス
15. 成程,其海綿ヲ御用ナサルカ
16. ハイ,稽古書キヲ直スヰ消ス爲ニ用マス
17. 夫デ貴方ハ指ヲ御汚シナサイマセンカ
18. 餘リ汚シマセン
19. 夫デモ後デ手ヲ洗ハナケレバナラヌ程汚レマス
20. 御モツトモデス

第九回

1. 只今學校カラ歸リマシタ
2. 何ヲ御稽古ナサイマシタカ
3. 種々ノ物ヲ學ビマシタ

6. Non, nous nous en servons aussi pour les dictées.
7. Avec quoi écrivez-vous ?
8. Avec de la craie.
9. Avez-vous souvent des mots à effacer ?
10. Cela nous arrive assez souvent.
11. Avec quoi effacez-vous, est-ce avec les doigts ?
12. Non, ce ne serait pas propre.
13. Alors comment faites-vous ?
14. Nous avons une éponge.
15. Bien ! Vous en servez-vous ?
16. Oui, nous nous en servons pour effacer, lorsque nous avons à corriger quelques exercices.
17. Dans ce cas ne vous salissez-vous pas les doigts ?
18. Non, pas beaucoup.
19. Assez, cependant, pour qu'il soit nécessaire de vous laver les mains ensuite.
20. Comme vous le dites.

IXe LEÇON.

1. Me * voici de retour de l'école.
2. Qu'avez-vous étudié ?
3. Un grand nombre de choses.

* Ce pronom est indispensable en français quoiqu'il ne soit pas dans la phrase Japonaise.

4. 習字ヲナサイマシタカ
5. ハイ私ハ大文字ヲ二枚ト小文字三枚ヲ習マシタ
6. 鵞ペンヲ御使ヒナサイマスカ夫レトモ金ペンデスカ
7. 大文字ニハ鵞ペンヲ使ヒ小文字ニハ金ペンヲ使ヒマス
8. 先生ハ貴方ガ能ク讀ト思ヒマセンカ
9. 先生ハ左樣遽ク讀ムナト始終申シマス
10. 而メモツトハツキリ讀樣ニト申シマセンデシタカ
11. ハイ而メ又タ鼻ニ懸ラナイ樣ニシロト申シマシタ
12. 先生ノ御話ガ皆ナ解リマスカ
13. 一向差支ハ御座イマセン
14. 夫レハ大ソ一悅バシイ事デス
15. 私ノ壹バン好ナ學問ヲ御存ジデスカ
16. 地理デスカ
17. 否エ左樣デアリマセン
18. 夫ナラ何デスカ
19. 御當テナサイマセンカ
20. 獨逸語デスカ

4. Avez-vous écrit ?
5. Oui, j'ai écrit deux pages en grosses lettres et trois pages en petites.
6. Employez-vous une plume d'oie, ou une plume métallique ?
7. J'emploie une plume d'oie pour les grosses lettres et une d'acier pour les petites.
8. Votre maître ne trouve-t-il pas que vous lisez assez bien ?
9. Il me recommande toujours de ne pas lire trop* vite.
10. Et ne vous a-t-il pas recommandé aussi de prononcer plus distinctement ?
11. Si, et de ne pas parler du nez.

12. Comprenez-vous bien tout ce que dit votre professeur ?
13. Sans la moindre difficulté.
14. J'en suis enchanté.
15. Savez-vous l'étude que je préfère ?
16. Est-ce la Géographie ?
17. Non, ce n'est pas la Géographie.
18. Alors qu'est-ce ?
19. Ne devinez-vous pas ?
20. Est-ce la langue allemande ?

* C'est mieux que *si vite* qui serait une traduction plus exacte.

21. ドー致シテ
22. 夫ナラ佛語デスカ
23. 當リマシタ
25. 何故其ガ好フ御座イマスカ
25. 論理ト法律ノ語デスカラ

第拾回

1. 教場ハ廣フ御座イマスカ
2. 大層廣フ御座イマス
3. 何人位生徒ガハイレマスカ
4. 慥ニハ知レマセン然シ少クモ五十人ハハイ
レマス
5. 夫レハ充分デスガ能ク明リガ取テアリマス
カ
6. セツ八ツノ窓デ充分アカルウ御座イマス

7. 貴方ノ前ニ何ガアリマスカ
8. 勉强机ガアリマス
9. 其机ニハ鍵前ガアリマスカ
10. 否エ何時デモ開テ居リマス
11. 何故鍵ヲフロシマセンカ
12. 夫レハ全ク無汰デスカラヲロシマセン

21. Non, certes.
22. Alors est-ce la langue française ?
23. Précisément.
24. Quel est le motif de votre préférence ?
25. C'est qu'elle est la langue de la logique et du droit.

Xe LEÇON.

1. Votre classe est-elle spacieuse ?
2. Elle est très grande.
3. Combien peut-il y entrer d'élèves ?
4. Je ne sais pas exactement, mais il peut y en entrer au moins cinquante.
5. C'est beaucoup ! Y voit-on bien clair ?
6. La classe est très bien éclairée par sept ou huit fenêtres.
7. Qu'y a-t-il devant vous ?
8. Il y a un bureau.
9. Ce bureau se * ferme-t-il à clef ?
10. Non, il est toujous ouvert.
11. Pourquoi ne fermez-vous pas la serrure ?
12. Je ne la ferme pas, parce que c'est complètement inutile.

* Littéralement : Ce bureau a-t-il une serrure.

13. 夫デハ決シテ不正ナ物ヲ御置シナサイマセンカ
14. 決シテ匿シマセン

第拾壹回

1. 貴方ハ今晩御不快ノ様ニ見ヘマス
2. ハイ私ハ少シ不快ダト思ヒマス
3. 多分今日餘リ歩キ過タノデショウ

4. 實ニ働キ過タカト心配シテ居マス
5. 早ク御休ミナサル方ガ宜シユー御座イマス

6. 左様致ソウト思テ居マシタ

7. 頭痛ガナサイマスカ
8. 頭ガ重フ御座イマス
9. 私ノ言フコトヲ御キヽナサルナラ薬ヲ御上リナサイ
10. 否ヱ餘リ薬ヲ飲ノハ好マセン
11. ドウゾ私ノ言フコヲ聞テ下サイ
12. 夫ハダメデス何モ飲マセン
13. 直ニ御部屋ヘ御出ニナリマスカ
14. ハイ直ニ参リマス
15. 左様ナラ御休ミナサイ能クカケテ暖ニナサイ
16. 有ガトウ

13. Alors n'y cachez-vous rien de prohibé?

14. Jamais.

XIe LEÇON.

1. Vous avez l'air malade ce soir.
2. Oui, je me sens un peu indisposé.
3. Vous avez probablement trop marché aujourd'hui.
4. Je crains vraiment de m'être trop fatigué.
5. Ce que vous avez de mieux à faire, c'est de vous coucher de bonne heure.
6. C'est précisément ce que j'avais l'intention de faire.
7. Avez-vous mal à la tête ?
8. J'ai la tête lourde.
9. Si vous voulez me croire, prenez un remède.
10. Je n'aime pas à me droguer.
11. Je vous en prie, suivez mon conseil.
12. C'est inutile, je ne veux rien boire.
13. Allez-vous immédiatement à votre chambre ?
14. J'y vais tout de suite.
15. Alors dormez bien, couvrez-vous bien et tenez-vous chaudement.
16. Je vous remercie.

第拾貳回

1. 今朝ハ如何デスカ
2. 餘程快フ御座イマス
3. 何時間御眠リナサイマシタカ
4. 九時カラ覺メズニ眠リマシタ
5. 夫ハ結構デス
6. 恐イ夢ヲ見マシタ
7. 如何ナ夢デシタカ
8. ツマラナイ夢デス
9. 御話シ下サイマセンカ
10. 根モ葉モ無イコトデス
11. カマイマセン
12. 貴方ハウナサレマスカ
13. 此前十五日間ハ毎夜デシタ

第拾參回

1. 貴方何カ頁イ進物ヲ御モライナスツタカ
2. 美麗ナ繪入ノ本ヲ頂戴致マシタ
3. 貴君ハ御母様カラ頂戴ナサイマシタ進物ニテ御滿足ナサイマスカ

XIIe LEÇON.

1. Comment vous trouvez-vous ce matin ?
2. Je me sens beaucoup mieux.
3. Pendant combien de temps avez-vous dormi ?
4. Je n'ai fait qu'un somme depuis neuf heures.
5. Je vous fais mon compliment.
6. Cependant j'ai fait un mauvais rêve.
7. Quel rêve avez-vous fait ?
8. Un rêve absurde.
9. Ne voulez-vous pas me le raconter?
10. Il n'a tête ni queue.*
11. Peu importe.
11. Avez-vous le cauchemar ?
13. Je l'ai toutes les nuits depuis une quinzaine de jours.

XIIIe LEÇON.

1. Avez-vous reçu quelques jolis cadeaux ?
2. J'ai reçu un beau livre illustré.
3. Êtes-vous content du cadeau que vous a fait votre mère ?

---

* Littéralement "Il n'a ni racine ni feuille—" Cette manière de parler ne se comprendrait pas en *français*. Il faut donc employer l'expression correspondante.

4. 大層嬉シフ御坐イマスチヨード欲イト思テ居タ物ヲ下サイマシタ
5. 何デスカ
6. 美キ金ノ小時計デス
7. 拜見ガ出來マスカ
8. ハイ御覽下サイ
9. 大層貢キ御時計デス
10. 此外何カ色々ノ進品ヲ御貰ニナリマシタカ
11. ハイ其外花瓶ヲモライマシタ
12. 御妹子モ何カ進物ヲ御モライナサイマシタカ
13. ハイ彼ハ衣物ダノ本ダノ種々ナル者ヲモライマシタ
14. 大層御悅デシヨウ
15. 左樣デス此處ヘ呼マシヨウカ
16. ハイ御目ニ懸リ度ノ御坐イマス

第拾四回

1. 如何ナ書物ヲ御讀ナサイマスカ
2. 大ソ一面白クテ又タ爲ニナル書物デス
3. 艸草紙デスカ

4. J'en suis enchanté, elle m'a donné précisément ce que je désirais.
5. Qu'est-ce que c'est ?
6. C'est une très jolie petite montre d'or.
7. Voudriez-vous bien me la laisser voir ?
8. Avec plaisir, * la voici.
9. Vous-avez † une très belle montre.
10. Avez-vous reçu encore d'autres cadeaux ?
11. Oui, Monsieur, on m'a donné des vases à fleurs.
12. Votre jeune sœur a-t-elle aussi reçu des cadeaux ?
13. Oui, elle a reçu des vêtements, des ornements, des livres, et beaucoup d'autres choses.
14. Elle doit être bien contente.
15. Certainement ; voulez-vous que je l'appelle ?
16. J'aurai grand plaisir à la voir.

XIVe LEÇON.

1. Quel livre lisez-vous maintenant ?
2. Je lis un livre très intéressant et très utile.
3. Est-ce un roman ?

---

* On ne pourrait pas dire en français comme en Japonais : "avec plaisir, regardez-la" D'ailleurs le mot "voici" se compose de *voyez* et *ici* c'est donc le même sens.

† *Vous avez* sert à rendre l'expression japonaise 御時計 votre montre.

4. 否エ歴史物デス
5. 道中記ヲ御覽ニナリマシタカ
6. ハイ先達デ一册讀マシタ
7. 如何ナノデスカ
8. スタンヌレーガコンゴー國エ行タ日記デス
9. 面白クアリマシタカ
10. ハイ此樣ナ書物ヲ好マス
11. 能ク出來テ居リ升スカ
12. 左樣デス文章ガ餘程宜シク御座リ升
13. 御覽ニナリマシタラ拜借ガ出來マショウカ

14. ドーゾ御使セ下サヒ

第拾五回

1. 只今餘程宜イ馬ヲ見マシタ
2. 夫ハ乘馬デスカ又タハ馬車馬デスカ
3. 乘馬デス
4. 折フシハ馬車ニハ使ヘマスカ
5. 左樣デスガ夫ハ餘リ可愛ソーデス
6. 何故デスカ
7. 餘リ細作リデスカラ
8. 何歳デスカ
9. 全ク若フ御座イマス
10. 小馬デハアリマセンカ

4. Non, c'est un livre d'histoire.
5. Avez-vous lu quelques récits de voyage ?
6. Oui, j'en ai lu un volume dernièrement.
7. Lequel ?
8. Les voyages de Stanley dans le Congo.
9. Vous a-t-il intéressé ?
10. Oui, j'aime beaucoup ce genre de livres.
11. Est-ce bien écrit ?
12. Mais oui, le style est excellent.
13. Pourrez-vous me le prêter quand vous l'aurez lu ?
14. Avec le plus grand plaisir.

XVe LEÇON.

1. Je viens de voir un très beau cheval.
2. Est-ce un cheval de selle ou un cheval de trait ?
3. C'est un cheval de selle.
4. Peut-on quelquefois l'atteler ?
5. Oui, mais ce serait dommage.
6. Pourquoi ?
7. Parce qu'il est trop délicat.
8. Quel âge a-t-il ?
9. Il est tout jeune.
10. N'est ce pas un poulain ?

11. ドー致シマシテ大丈夫三歳デス
12. 物驚キ致シマスカ
13. 否エ驚キマセン反テ羊ノ子ノ様ニスナヲデス
14. 能ク言フ事ヲ聞キマスカ
15. 思フ様ニナリマス然シ能ク取扱ハナケレバナリマセン
16. 夫ハ當然ノ事デスシカシ御話ヲ承リマスレバ其馬ヲ拜見シ度ナリマス
17. 夫レハ御易イヿデス厩迄一所ニ御出ナサイ
18. 夫レハ宜フ御座イマスガ其馬主ヲ存ジマセン
19. 御存知ナクトモ唯其馬ヲ御覽ニナルト直ニ心安クナリマス

第拾六回

1. 何故貴方ハソンナニ逡巡リナサルカ
2. 貴方ニ從テ居ル其大キナ犬ガ恐イカラ
3. 恐ガルニハ及ビマセン
4. 然シ氣ガ狂テ居タラ何故シマスカ
5. 氣ガ狂テハ居マセンアレヲ御覽ナサイ
6. ドーモ尾ヲ卷テ居ルヿ

11. Non, non, il a au moins trois ans.
12. Est-il ombrageux ?
13. Au contraire, il est doux comme un agneau.

14. Est-il bien maniable ?
15. Il fait tout ce que l'on veut, pourvu qu'on le traite bien.
16. Naturellement. Mais ce que vous me dites, me donne envie de le voir.
17. C'est très facile, vous n'avez qu'à venir avec moi à l'écurie.
18. Je veux bien, mais je ne connais pas le maitre de ce cheval.
19. Peu importe, vous n'avez qu'à le complimenter d'avoir un si beau cheval et vous serez tout de suite dans ses bonnes grâces.

XVIe LEÇON.

1. Pourquoi vous reculez-vous ainsi ?
2. J'ai peur de ce gros chien qui vous accompagne.
3. Il ne faut pas avoir peur.
4. Mais s'il était enragé.........?
5. Il n'est pas enragé ; voyez.
6. Comme il a la queue en trompette !

7. 氣ノ狂タ犬ハ尾ヲ垂レマス

8, 水ヲ飲ノヲ御覽ナサイ
9. 彼ハ大ソ一渴イテ居マシタ恐ガラズニ側へ行テ撫テ御覽ナサイ
10. モシ惡イ犬デハ御座リマセンカ
12. 否エスコシ遠クヘ其棒ヲ投テ御覽ナサイ
12. 夫ヲ取テ來マシタ
13. アレハ私ノ獵犬デス
14. 何ノ犬デモ彼ノ樣ニ物ヲ取テ來マスカ
15. 如何シテ馴サナケレバナリマセン
16. アレハ奇麗ナ頁キ犬デス
17. 絹ノ樣ナ毛ヲ御覽ナサイ
18, 實ニアレノ毛ハ長テ而メ柔カデス
19. 彼ノ色ハ御好キデスカ
20. 大變好デス實ニアノ赤斑ガ白イ毛ニ浮立テ見ヘマス私モ彼ノ樣ナモノヲ一匹欲イモノデス

21. 夫レデハモウアレハ恐シクアリマスマイ
22. 外ノ犬ハ此犬ノ樣ニ柔シク御座イマセン

第拾七回

1. 貴方庭ヲ散步ナサイマセンカ
2. 致シマシヨウ

7. Les chiens enragés portent toujours la queue basse.
8. Voyez comme il boit !
9. Il avait grand' soif. Allez à côté de lui, et caressez-le.
10. N'est-il pas méchant ?
11. Non, lancez ce bâton à quelques pas, et regardez.
12. Il le rapporte.*
13. C'est mon chien de chasse.
14. Tous les chiens rapportent-ils comme lui ?
15. Y pensez-vous ! il faut qu'ils soient dressés.
16. C'est un bel et bon animal.
17. Voyez comme il a le poil soyeux.
18. En effet, il a le poil long et doux.
19. Aimez-vous sa couleur ?
20. Oui sa couleur me plaît beaucoup. Sur sa robe blanche, ces taches rouges font un très joli effet. Je désirerais bien en avoir un semblable.
21. Alors il ne vous fait plus peur.
22. Vraiment tous les autres chiens ne sont pas aussi doux que celui-là.

XVIIe LEÇON.

1. Ne voulez-vous pas faire un tour de jardin ?
2. Je veux bien.

* "Il l'a rapporté" serait plus exact, mais ne peut se dire dans cette circonstance.

3. 其薬物ノ樹ヲ御覧ナサイ誠ニ春メーテ居リマス
4. ハイモー花ガ咲キマシタ其白イ花ノ咲テ居ル木ハ何デスカ
5. アレハ林檎ノ木デス
6. ソーシテ是ハ何ト申シマスカ
7. 夫レハ梨ノ木デス
8. 其小イ木ノ名ヲ御存ジデスカ
9. 梅ノ木ダト思イマス
10. 此園デ薬物ガ澤山出來ルダロート思ヒマス
11. 奇麗デハ御座イマセンカ
12. 立派ダト思ヒマス
13. 貴方ハ廣イ路ヲ御歩キナスツタカ
14. 何レヲ廣イ路トヲツシヤルノデスカ
15. 菩提樹ノ植テアル路デス
16. 夫レハ奇麗ナ林デスネー
17. ハイアレハ樫ノ木デス
18. 花園デ樫ノ木ヲ見様トハ思イマセンデシタ
19. 思ヒ掛ナイノデ一層面白フ御座イマス
20. 實ニ面白ク珍シイ事デス
21. 氣ヲ御付ケナサイ貴方ハドーモ眞直ニ御歩キナサイマセン

3. Voyez cet arbre fruitier. Il montre que nous sommes au printemps.
4. Oui ! il est déjà en fleur. Mais quel est cet arbre couvert de fleurs blanches ?
5. C'est un pommier.
6. Et celui-ci de quelle espèce est-il ?
7. C'est un poirier.
8. Pourriez-vous m'indiquer le nom de cet arbuste ?
9. Ce doit être un prunier.
10. Je pense que ce jardin produira beaucoup de fruits.
11. Ne le trouvez-vous pas joli ?
12. Je le trouve magnifique.
13. Etes-vous passé dans la grande allée de ce jardin ?
14. Qu'appelez-vous la grande allée ?
15. C'est celle qui est plantée de tilleuls.
16. Voilà un joli bosquet.
17. Oui, c'est un bosquet de chênes.
18. Je ne m'attendais pas à voir des chênes dans un jardin à fleurs.
19. La surprise n'en est que plus agréable.
20. Vraiment c'est une agréable surprise.
21. Faites attention parce que vous ne marchez pas droit.

22. 私ハ其花床ノ上ヲ歩フト思イマスガ仔細ハ
御座イマセンカ
23. 如何フ致シマシテ誰デモ花床ノ上ヲ歩テハ
イケマセンコチラヘ御出ナスツテドウゾ
御掛ケナサイ
24. 大分疲レマシタカラ左樣致シマシヨウ

第拾八回

1. 貴方ハ何ヲ御讀デスカ
2. 五日前ノ宴會ノ献立書ヲ讀テ居リマス
3. 何處デアツタノデスソウシテ誰ガナサレタノデスカ
4. 海上デ米國ノ飛脚船ノ中デ゜ソシテ其會社
ノ御馳走デシタ
5. 夫ハ實ニ珍ラシイ献立書デス
6. 闇度フ御坐イマスカ
7. 是非闇度イモノデス何ンナ汁物ガアリマシ
タカ
8. 肉ノ吸物ダノ温飩ト野菜ノ吸物ガアリマシ
タ
9. 夫レカラ魚ガ出マシタカ
10. 鱈ニ鱒ガ出マシタ
11. 其外何ガアリマシタ
12. 燒鳥ト燒肉ト車鰕トソウシテ鳫ノ燒物ガアマリシタ

22. Je voulais marcher sur cette plate-bande.

23. Oh! on ne doit pas marcher sur les plates-bandes; veuillez venir ici et prenez la peine de vous asseoir!

24. Comme je suis bien fatigué, je m'asseoirai avec plaisir.

XVIIIe LEÇON.

1. Que lisez-vous maintenant?
2. Je lis le menu d'un banquet qui a eu lieu il y a cinq jours.
3. Où a-t-il eu lieu et qui l'a donné?
4. En pleine mer, sur un vapeur américain. C'est la compagnie qui régalait.
5. C'est vraiment un menu curieux.
6. Voulez-vous que je vous le lise?
7. Je désire le connaître. Quel potage, y avait-il?
8. Il y avait un potage gras, et un potage maigre au vermicelle.
9. Après cela a-t-on servi du poisson?
10. On a servi un plat de morue et de truites saumonées.
11. Qu'y avait-il encore?
12. Il y avait des oiseaux rôtis, un roast-beef, puis des langoustes, et un rôti d'oie.

13. 終リニ何ガ出マシタ
14. 美觀ナ菓子ガ出マシタ
15. 乾葡萄ガアリマシタカ
16. ハイ夫レトー所ニ胡桃ト無花果ガ出マシタ
海ノ中デ其樣ナ食物ガ出來ヨートハ夢ニ
モ思ヒマセンデシタ

17. 此頃ハ何デモ出來ナイ事ハアリマスマイ

第拾九回

1. 佛語ヲ教テ下サル事ガ出來マスカ

2. 一週間ニ何度稽古ヲナサリ度ト思イマスカ
3. 少ナクモ一週間ニ三度願ヒ度イト存ジマス
4. 朝ガ宜シユー御坐イマスカ又ハ午后デスカ
5. 如何デモ宜シユー御坐イマス
6. 朝ハ時々差支ノ出來ルヿガアリマスカラ夫
ヲ備都合ガ宜シユー御坐イマス
7. 何日ニ御出ナサイマスカ
8. 御都合ノ宜シイ日ニ參リマシヨウ

9. 私ハ火木土曜日ガ宜シユー御坐イマス
10. 其日ニハ三時カラ四時迄隙デス

13. Pour dessert, qu'y avait-il ?
14. Il y avait un magnifique gâteau.
15. Y avait-il des raisins secs?*
16. Oui, on les a servis en même temps que des noix et des figues. Je n'aurais jamais imaginé, même dans un rêve, que l'on pût faire un semblable festin au milieu de la mer.
17. De nos jours il n'y a rien que l'on ne puisse faire.

XIXe LEÇON.

1. Monsieur, pouvez-vous m'enseigner la langue française ?
2. Combien de leçons voulez-vous par semaine ?
3. J'en désirerais au moins trois.
4. Préférez-vous le matin ou l'après-midi ?
5. Cela m'est égal.
6. C'est pour le mieux, car il m'arrive souvent de n'être pas libre le matin.
7. Quels jours viendrez-vous ?
8. Je viendrai les jours qui vous conviendront le mieux.
9. Je préfère le mardi, le jeudi et le samedi.
10. Ces jours là-je suis libre de trois à quatre heures.

* La coutume a prévalu de dire des " raisins secs " et non *séchés*, comme en japonais.

11. 夫レハ極都合ノヨイ時間デス何卒御願ヒ申シマス
12. 如-何-日稽古ヲ始メマショーカ
13. 來週迄ニハ始メマショー
14. 丁度三時ニハ御宅ヘ伺ヒマショー
15. 貴方ハ極ク堅ク時間ヲ御守ナサルソーデス
16. 餘リ御褒メナサルカラ反テ迷惑致シマス
17. 御陰デドウカ進歩致シ度フ御座ヘマス

18. 成ル丈易ク御稽古ノ出來ル様致シマショー

19. 何ヲ習ハセテ下サイマスカ
20. 先ヅ初ニ文法書ヲ讀デシマイマショー
21. 夫レハ面白ク御坐イマセン
22. 然シ夫レハ無クテハナラナイ物デス
23. 御任セ申シマス
24. 成丈ケ退屈ナサラナイ様ニ致シマショー
25. 左様ナラ次ノ火曜日ニ參リマス

第貳拾回

1. 漸ク御出ナスツタ
2. 早ク御目ニ掛フト存ジテハ居リマシタガツイ遲クナリマシテ失禮致シマシタ

11. Votre heure me convient parfaitement, alors c'est entendu.*
12. Quand commencerez-vous ?
13. Pas plus tard que la semaine prochaine.
14. Je viendrai chez-vous à trois heures précises.
15. Vous êtes, dit-on d'une ponctualité remarquable.
16. Vous me rendez confus.
17. Grâce à vous, j'espère que je ferai beaucoup de progrès.
18. Je ferai en sorte que vous ayez le moins de difficulté possible.
19. Que me ferez-vous apprendre ?
20. Nous commencerons par voir toute la grammaire.
21. Ce n'est pas bien amusant.
22. Mais c'est indispensable.
23. Je m'en remets à vous.
24. Je ferai en sorte que ce ne soit pas trop ennuyeux.
25. A revoir, monsieur, à mardi prochain.

XXe LEÇON.

1. Enfin, vous voici !
2. Il ne m'a vraiment pas été possible de venir plus tôt, je regrette infiniment de m'être fait attendre.

---

*La traduction exacte serait : "Je vous en prie."

3. 如何ナサイマシタカ
4. 讀ニ取リ込ンデ居リマシタ
5. 御轉宅ナサイマシタカ
6. 左樣一昨日轉宅致シマシタ
7. 左樣デスカ少シモ存ジマセンデシタ
8. 一日ノ中ニ私ノ家ガ賣レマシタ
9. 貴方ハイツデモイーカゲンナ云セ分ケヲ成サイマス
10. 私ハ眞ノ事ヲ申シタノデス
11. 夫レナラ御泊リナサイ御一緒ニ食事ヲ致シマショー
12. 有リ難フ御坐イマスガ左樣ニハ參リマセン
13. 何故デス
14. 大切ナ用向ノ約束ガアリマスカラ眞ニ出來ル事ナラ泊リ度御坐イマスガドーモ泊リ兼マス
15. 夫デハ明朝御出下サイマスカ
16. 必ズ參リマショー
17. 五時ニ御待チ受ケ申シマス
18. 慥カニ
19. 夫ナラ又明日

第貳拾壹回

1. 音樂ヲ習テ御出ナサイマスカ
2. ハイ習テ居リマス

3. Que vous est-il arrivé ?
4. J'ai été surchargé d'occupations.
5. Avez-vous déménagé ?
6. Oui, j'ai déménagé avant-hier.
7. Vraiment ! je n'en savais rien.
8. J'ai vendu ma maison dans l'espace d'un jour.
9. Vous trouvez toujours d'excellentes raisons pour vous excuser.
10. Je vous ai dit la stricte vérité.
11. Alors restez ici, et dînez avec moi.
12. Je vous remercie, mais c'est impossible.
13. Pourquoi ne pouvez-vous pas ?
14. Parce que j'ai un rendez-vous pour une affaire importante. Je voudrais bien rester, mais réellement je ne le puis pas.
15. Alors voulez-vous bien venir demain ?
16. Je viendrai sans faute.
17. Je compte sur vous pour cinq heures.
18. C'est entendu.*
19. Alors à demain.

XXIe LEÇON.

1. Apprenez-vous la musique ?
2. Oui, je l'apprends.

*La traduction littérale serait: "certainement." mais on ne pourrait parler ainsi.

3. 歌デスカ鳴リ物デスカ
4. 兩方デス
5. ヨク御唄ヒナサルヿガ出來マスカ
6. マダ六ケ敷キ段物ハ習イマセンガ只節ノ附ケ方ヲ習テ居リマス
7. 如何ナ御聲デスカ
8. 私ノ聲ハ可ナリ高フ御坐イマス
9. 貴方ハ聲ガヨク出マスカ
10. 師匠ガ二年カ三年ノ内ニハ大ソー太クナルダロウト申シマシタ
11. 歌ガ御好デ御坐イマスカ
12. 大ソー好デス
13. 如何ナ歌ガ御好キデスカ
14. 別シテ長歌ガ好キデス

第貳拾貳回

1. ヲヽ雪ガ降ルコト
2. 貴方御嬉フ御坐イマセンカ
3. 大ソー嬉フ御坐イマス
4. 雪ガ止タラ何ヲ爲サロートー御思イデスカ
5. 庭へ出テ雪ノ中ニ轉バウト思ヒマス
6. マア育チノヨイ兒ガ其樣ナ事ヲ致シマスカ

3. Est-ce la musique vocale ou la musique instrumentale ?
4. L'une et l'autre.
5. Pouvez-vous bien chanter ?
6. Je ne puis pas encore chanter de morceaux difficiles, j'apprends seulement les notes.
7. Quelle voix avez-vous ?
8. J'ai la voix assez haute.
0. Avez-vous de l'ampleur dans la voix ?
10. Mon professeur dit que ma voix se développera dans deux ou trois ans.
11. Aimez-vous le chant ?
12. Je l'aime beaucoup.
13. Quelle espèce de chant préférez-vous ?
14. Je préfère les romances.

XXIIe LEÇON.

1. Oh ! comme il neige !
2. Cela ne vous fait-il pas plaisir ?
3. J'en suis très content.
4. Qu'avez-vous l'intention de faire lorsque la neige cessera ?
5. J'irai au jardin pour me rouler dans la neige.
6. Oh ! un enfant bien élevé fait-il chose semblable ?

7. 否エ夫デハ轉ガリマスマイ
8. 夫デハ庭ヘ御出ナスツタ時ハ何ヲナサイマスカ
9. 雪球ヲ拵ラヘテ遊ビマショー
10. 獨リデ御遊ビナサルカ
11. 否エ御兄サントー緒ニ遊ビマス
12. 怪我ヲナサラヌ様ニヨク氣ヲ御附ケナサイ
13. 雪球デハ決シテ怪我致シマセン

14. 夫レハ宜シユー御坐イマス
15. 偕テ行テモ宜シユー御坐イマショー如何デスカ
16. 否エマダイケマセン
17. 然シモー降テハ居リマセン
18. 止ミキツテシマウ迄御待ナサイ
19. 雪ガ積ルダロートー御考ヘナサリマスカ
20. 左様思イマス
21. 夫デハ明日橇ニ乘リマショー
22. 稽古サイ能ク勉强ナサレバ何時御出ナスツテモ宜敷御坐イマス

第貳拾參回

1. 泳キヲ御存ジデスカ
2. 眞實ニハ泳ゲマセン

7. Non; alors je ne me roulerai pas (dans la neige.)
8. Que ferez-vous lorsque vous irez dans le jardin?
9. Je m'amuserai à faire des boules de neige.
10. Vous amuserez-vous tout seul ?
11. Non, je m'amuserai avec mon frère aîné.
12. Prenez garde à ne pas vous faire mal.
13. On ne se fait jamais mal avec des boules de neige.
14. Alors, c'est bien.
15. Ainsi je peux y aller, n'est-ce pas ?
16. Non, pas encore.
17. Cependant il ne neige plus.
18. Attendez qu'il ne neige plus du tout.
19. Monsieur, croyez-vous que la neige prenne ?
20. Je le crois en effet.
21. Alors nous irons demain en traîneau.
22. Si vous étudiez bien, vous pourrez aller en traîneau quand vous voudrez.

XXIIIe LEÇON.

1. Savez-vous nager ?
2. Je ne suis vraiment pas habile nageur.

3. 泳ギヲ御存ナケレバ難船シタトキニハ如何シテ御助カリナサイ升カ
4. 先ヅ左様ナヿハ有マイカト思ハレ升
5. デモ難船スルヿモ有升カラ萬一ソンナ災難ニ御逢ヒナサレタラ如何成サイ升
6. ソンナトキハ浮板カ漂流物カヲ以テ夫レガ岸ニ着ク迄取リ付テ居リ升
7. 其浮板カ慥ニ岸ヘ着キマスカ
8. 終ニハ岸ヘ着キマシヨウ然シ何時ニテ其板ガ漂流スルカ存シマセン
9. ソンナ事デ助命シタ者ガ度々御坐升カ
10. 有リ升共併シ夫レハ随分珍ラシイヿデ御坐リマス

第貳拾四回

1. 貴君ハ猟ガ御上手サウデス
2. 上手デハアリマセン
3. オモニドウ云フ物ヲ御取リナサイマスカ

3. Si vous ne savez pas nager, comment pourrez vous vous sauver en cas de naufrage ?
4. Espérons que ce cas ne se présentera pas.
5. Je l'espère bien, mais enfin un naufrage est chose possible. Que feriez-vous si ce malheur très peu probable vous arrivait ?
6. Je saisirais une planche, une épave quelconque et je m'y cramponnerais jusqu'à ce qu'elle fût poussée au rivage.
7. Êtes-vous sûr que votre planche de salut ira à terre ?
8. Elle finira bien par y arriver ; mais pendant combien de temps sera-t-elle le jouet des flots ? c'est ce que je ne puis dire.
9. Arrive-t-il souvent qu'un naufragé soit sauvé de cette manière ?
10. Cela se voit, mais j'avoue que c'est assez rare.

XXIVe LEÇON.

1. Je crois que vous êtes chasseur.*
2. Un peu.†
3. Quel gibier chassez-vous ?

---

* Littéralement : "Vous êtes habile à la chasse" Le mot chasseur étant pris en bonne part, le sens reste le même.

† La phrase complète serait : *Je suis seulement* un peu *chasseur* c'est donc le même sens que si on disait comme en Japona 下手 : "Je ne suis pas habile."

4. 何ンデモ取リマスガオモニ雲雀鶺鴒ノ様ナ
モノデス
5. 夫レデハ小鳥ヲ御好キデス子
6. 左様デ御座リマス小鳥ノ方ガ一番面白イ様
デス
7. ドウシテ御取リナサイマスカ
8. 鐵砲ハ好イカモシレマセンガ鐵砲ハアブナ
ウ御座リマスカラ大底網ヲ用非マス
9. 鳥ヲ呼ビヨセルノニハドウナサイマスカ
10. 囮鳥デ呼ビ寄セマス
11. 獲物ハ澤山アリマスカ
12. 時々澤山取レルヿガアリマス
13. 御取リナサッタ鳥ハ如何ナサイマスカ
14. 餘計取レマシタ時ニハ朋友ニヤリマス自分
ノ獲物ヲ食ベルヨリモ却ッテ朋友ニヤッ
タ方ガ快ヨウ御座イマス
15. 夫レデハドウゾ私ニモ頂戴
16. 上ゲマショウトモ此次ノ日曜日ニ取レタ鶺
ハ皆差上マセウ

4. N'importe quel gibier, cependant je prends surtout des alouettes, des grives et des cailles.
5. Alors, vous êtes pour le petit gibier.
6. Oui, c'est plus amusant.

7. De quelle manière chassez-vous ?
8. Je chasse au filet, parce que je trouve que le fusil, quoique peut-être préférable, est une arme trop * dangereuse.
9. Mais comment faites-vous pour attirer les oiseaux ?
10. Je les attire à l'aide d'appeaux.
11. Prenez-vous beaucoup de gibier ?
12. Quelquefois.
13. Que faites-vous de tous les oiseaux que vous prenez ?
14. Lorsque j'en prends assez j'ai le plaisir de les offrir à mes amis. C'est plus agréable que de manger soi-même le produit de sa chasse.
15. Alors † pensez à moi, je vous prie.
16. Comment donc ! Pas plus tard que Dimanche prochain toutes les cailles que je prendrai seront pour vous.

---

* Ce mot "trop" n'est pas dans la phrase japonaise mais il faut l'ajouter en français, pour ne pas dire une vérité de La Palisse, c'est à dire une chose par trop évidente.

† On pourait dire aussi comme dans le japonais, "alors je vous en prie, ayez la bonté de m'en donner." mais ce serait moins bien.

17. 有難フ御座リマス併シ私シ獨リデハトテモ
食ベキレマスマイカラドウカ貴君モ來テ
下サイ

18. 行キマスケレドモ酒モナクテハイヤデス

19. 勿論ノコデスツンナ御心配ナサラナクトモ
宜シウ御座リマス

第貳拾五回

1. イツゾヤ御目ニ懸リマシテカラ始終佛語ヲ
御學ビナサイマスカ

2. 引續イテ勉强シテ居リマスケレドモ少々習
ヒ方ヲ變ヘマシタ

3. ヘイ左樣デスカドウ云フ風ニ

4. 始メニハ佛語ヲ日本語ニ譯シテ居リマシタ
ガ今ハ唯日本語ヲ佛語ニ譯スルコノミヲ
勉强シテ居リマス

5. 大變ナ變ワリ樣デハアリマセンカ

6. 左樣カモ知レマセンガ今ダケノ所ハ是レデ
宜シウ御座リマス

7. ドウシタ譯デス

8. 佛語デ作文スルコヲ殆ンド忘レマシタカラ

17. Merci bien ! alors venez m'aider à les manger car tout seul je ne pourrais jamais en venir à bout.
18. Je veux bien pourvu toutefois que vous ne nous donniez pas à manger sans boire.
19. Cela va sans dire. Soyez sans inquiétude sous ce rapport.

XXVe LEÇON.

1. Depuis que j'ai eu le plaisir de vous voir avez-vous toujours continué vos études de français.
2. Oui, sans interruption, mais j'ai changé de méthode.
3. Ah ! vraiment ! et quelle méthode suivez-vous ?
4. J'ai cessé de faire des versions comme auparavant, je ne fais plus que des thèmes.
5. N'est ce pas tomber dans l'excès contraire ?
6. Peut-être bien ; mais pour le moment ce n'est pas un mal.
7. Comment cela ?
8. J'avais presque perdu l'habitude de m'exprimer* en français.

---

* Littéralement : “ de composer.”

9. ドチラノ方ガ六ケ敷ウ御座リマスカ佛文和譯デスカ和文佛譯デスカ
10. 勿論和文佛譯デス
11. 一日ニハ大底ドレ程和文佛譯ガ出來マスカ
12. 左樣デス休マズニ勉强ヲスレバ彼レ此レ四枚ハ出來マス
13. 種本ノ好ノハアリマスカ
14. ドウモアリマセンデ困マリマス文法ノ規則ヲ順々ニ當テハメル樣ナ種本ガアレバヨウ御座リマセウ
15. 全ク御同說デス文法ノ規則ヲ善ク覺ヘテ諳誦シタツテモ適用スルコヲ知ラナクテハ決シテ充分トハ云ヘマセンドウシテモ實際適用スルノガ肝要デス

大尾

9. Que trouvez-vous de plus difficile, les versions ou les thèmes ?
10. Évidemment ce sont les thèmes.
11. Combien de pages environ pouvez-vous traduire par jour ?
12. Environ quatre pages, mais il faut que je travaille sans relâche.
13. Avez-vous quelque bon livre de thèmes.
14. Malheureusement non ; il serait cependant bien à désirer que nous en eussions un composé de telle sorte qu'il nous obligeât à appliquer graduellement toutes les règles de la grammaire.
15. Je suis bien de votre avis sous ce rapport. Il ne suffit pas de pouvoir réciter les règles de la grammaire. L'essentiel est de s'habituer à les appliquer.

FIN.

明治十九年八月十二日版權免許
同年十一月出版

著者 佛國人 アルチュール、アリヴェー
東京小石川區金富町
四十二番地寄留

出板人 大阪府士族 小柳津要人
東京日本橋區通三丁目
十四番地寄留

發兌 丸善商社書店
東京日本橋通三丁目
十四番地

發賣書肆

横濱辨天通四丁目　丸屋書店
高知堺町　山中專介
廣島横町　松村善助
函館末廣町　魁文社
名古屋京町　村松五郎
長崎引地町　鶴野常藏
金澤片町　益智館
京都河原町通二條下ル　大黒屋書舖
同　北久寶寺町四丁目　叢書閣
大坂備後町四丁目　梅原龜七
同　銀座四丁目　博聞社
同　南傳馬町　叢書閣
同　神田小川町　集成社
東京神田表神保町　中西屋邦太

www.ingramcontent.com/pod-product-compliance
Ingram Content Group UK Ltd.
Pitfield, Milton Keynes, MK11 3LW, UK
UKHW022105170726
13837UKWH00003B/1078

9 782329 217963